Vente des Lundi 13 et Mardi 14 Novembre 1905

HOTEL DROUOT — SALLE N° 8

EX-LIBRIS ANCIENS

(2e PARTIE)

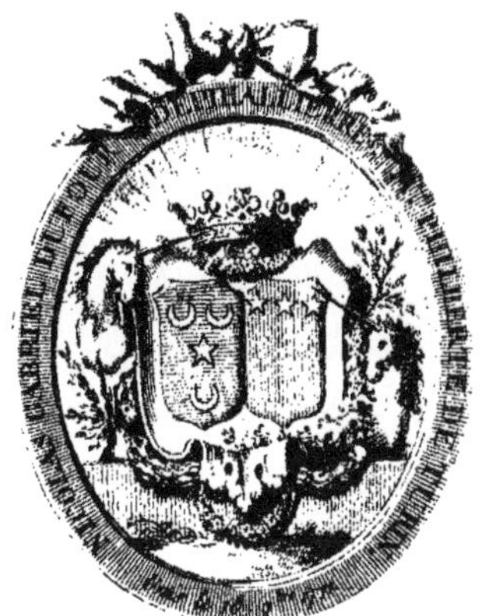

N° 126 du Catalogue.

Me MAURICE DELESTRE, Commissaire-Priseur
5, Rue Saint-Georges

M. LOYS DELTEIL, Artiste-Graveur, Expert
22, Rue des Bons-Enfants

Imp. Frazier-Soye
153-157
rue Montmartre

CATALOGUE

de la

SECONDE PARTIE

D'UNE IMPORTANTE

Collection d'Ex-Libris

FRANÇAIS ANCIENS

Dont la vente aura lieu

à Paris, HOTEL DROUOT, Salle N° 8

Les Lundi 13 et Mardi 14 Novembre 1905

à 2 heures précises

Par le Ministère de Mᵉ MAURICE DELESTRE

COMMISSAIRE-PRISEUR

5, rue Saint-Georges

Assisté de M. LOYS DELTEIL, Artiste-Graveur, Expert

22, rue des Bons-Enfants

CONDITIONS DE LA VENTE

Elle sera faite au comptant.

Les adjudicataires paieront *dix pour cent* en sus des enchères.

M. Loys Delteil remplira les commissions que voudront bien lui confier les amateurs ne pouvant y assister : il se réserve, en outre, la faculté absolue de diviser ou de rassembler les lots.

MM. les amateurs pourront visiter la collection, 22, *rue des Bons-Enfants*, du 6 au 11 novembre inclus, de 2 heures à 5 heures.

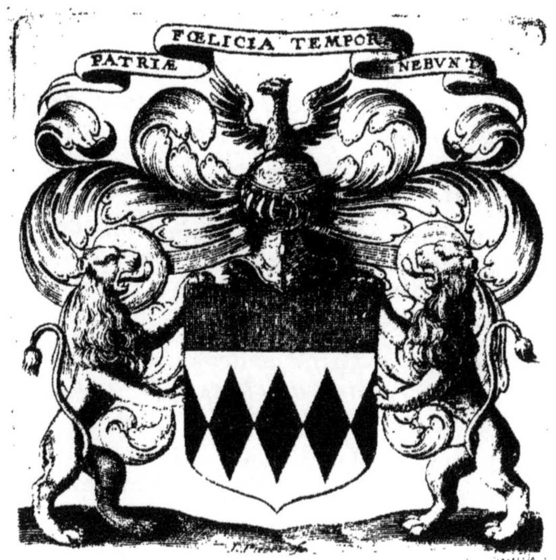

N° 45 du Catalogue

DÉSIGNATION

XVIe SIÈCLE

1. — Marie d'Autriche, Reine de Hongrie et de Bohême. Gravure sur bois avec écartelures, Bourgogne ancien et Bourgogne moderne. In-8°, *enluminé*.

2. — Spiegel (Jacob), Conseiller de Charles-Quint, né à Schlestadt (Alsace), gravé sur bois. In-8°, *enluminé*.

XVIIe SIÈCLE

3. — (D'Aguesseau) — (De la Pérelle), 2 variantes. Trois pièces.

4. — Anonyme : *d'argent au sautoir de gueules cantonné de quatre couleuvres d'azur* — Bigot (L. E.), par *B. D.* Deux pièces in-12 et in-32.

5. — Anonymes : *d'azur au chevron d'or acc. de 3 besants de même — écartelé au 1 et 4 d'argent à 3 chevrons, au 2 et 3 d'or au sanglier.* In-8. Deux pièces.

6. — Anonyme : *d'azur à deux fasces ondées d'or, au chef d'argent chargé d'une fasce d'azur.* Deux variantes in-8° et in-12.

7. — Anonymes. Deux pièces in-16 et in-12, une *avant la lettre*, l'autre restaurée.

8. — Anonyme : *d'or au lion d'argent, au chef denté d'azur, chargé de 5 fleurs de lys d'or.* In-4. (2e tirage).

9. — Anonymes : *d'argent au chevron d'or, acc. d'un chêne, d'azur au chevron d'argent acc. de 3 étoiles et d'un croissant en chef*, signé : *M. Tavernier fecit.* In-4. Deux pièces.

10. — Anonymes. Trois pièces in-16 et in-12, rares (une pièce lég. restaurée).

11. — Anonymes. Deux pièces in-12 et in-8°.

11 *bis.* — Anonyme : *semi de fleur de lys treillisé, crosse, mître, palmes.* Grand in-8°.

12. — Adam (J.), 1661 — Anonymes. Quatre pièces.

13. — (Bernard de Carbonnières, Auvergne, Velay), par *De Zallais.* In-12. Rare.

14. — (P. Vinc. Bertin, sieur de Vinthui), attribué à *Séb. Le Clerc.* In-12 à toutes marges.

15. — Besançon (Universités de). Deux pièces sur bois in-12 et in-8°, très rares.

16. — Bigot (Jean), doyen de la Cour des Aydes de Normandie, in-8 — (Bigot de la Turgère, acc. du Hamel, réimpression). Deux pièces.

17. — Bigot (Rob.), par *J. Toustain* — Bigot (L. E.), 2 variantes par *B. D.* Ensemble trois pièces in-16 et in-32.

18. — (Bonvoust d'Aunay ou Beauvillers de Saint-Aignan?), chevalier de St-Michel. In-12.

19. — Bulteau de Préville (P.), 2 variantes par *P. Giffart* — Pellot, 1er président du Parl. de Normandie, par *J. Toustain*. Trois pièces.

20. — Charreton (Charles), prieur de St-Pierre de Vézins (diocèse de La Rochelle), attr. à *J. Picart*. In-12.

21. — (J. Franç. Du Chesne de la Motte), Picardie. In-12.

22. — (de Chevrière, écartelé d'Aubusson), in-32 — (Clopin, Dijon), in-12. Deux pièces.

23. — Dacquet. In-12. L'un des plus anciens ex-libris français connus.

24. — (Des Hayes), Ile-de-France et Forez. Curieuse pièce avec chiffres et écussons dans les angles. In-4°. Très rare.

25. — Despont (Philippe), prêtre de Paris, par *G. Ladame*, 1682, in-4° avec portrait — autre in-18. Deux pièces.

26. — Dueil (Ant. et Louis). Champagne, 2 états.

27. — (Drelincourt), par *Monod* — Anonymes. Trois pièces (une découpée).

28. — (Amable De Fontenilles, avocat, lieutenant-général au baillage de Montferrand), par *Lorphelin*, à Clermont. In-8, avec suscription manuscrite. Rare.

29. — Fresne (Rémy et Théophile), père et fils, dessin de forme ronde, enluminé et gouaché.

30. — (Frizon), avec casque et lambrequins — Frizon de Blamont (N. R.), Conseiller puis Président au Parlement, deux variantes datées 1694 et 1704, par *J. Le Roux*.

31. — (P. Fyot), sous l'écu les lettres P. F. — Anonyme : *d'azur à 3 couronnes de feuillage, au chef de gueules chargé d'un lion passant, d'argent.* Deux pièces in-8°.

32. — (Gondy, souverain de Commercy), petite restauration — (Nicolas Robinot, secrétaire du Roi), gravé sur bois. Deux pièces in-16.

33. — (Goujon de Thuisy, président de la province de Reims), par *Briot.* In-4, découpé.

34. — (De Kervosan). Deux variantes, l'une avec le collier de St-Jean de Latran.

35. — Le Bègue (Claude), de Bourges — Anonymes. Trois pièces in-24 et in-32.

36. — (Jérôme Le Féron, Sgr d'Orville et de Louvres en Parisis). belle pièce attribuée à *J. Picart.* In-4°.

On y a joint l'ex-libris Leferon d'Eterpigny, XIXe siècle.

37. — (De Mareste), Normandie, par *J. Toustain.* In-12.

38. — (De Maupas, Chevalier de l'Ordre de St-Michel) — Gravel (Rob. de), Sgr de Marly et de Voivre — (De Rogaren, Ile-de-France). Trois pièces rares.

39. — Oursin de Digoville. Curieuse pièce parlante, avec tête de mort en guise de casque. In-4° en largeur. Rare.

40. — (Cl. Pajon, protestant) — Pajon de Moncets, médecin de la Faculté de Paris — Anonymes. Cinq pièces.

41. — (Patu, Sgr de Rosemont, en Beauvaisis). In-8, rare — Anonyme : d'argent au chevron de gueules acc. de 3 macles de sable (découpé). Deux pièces.

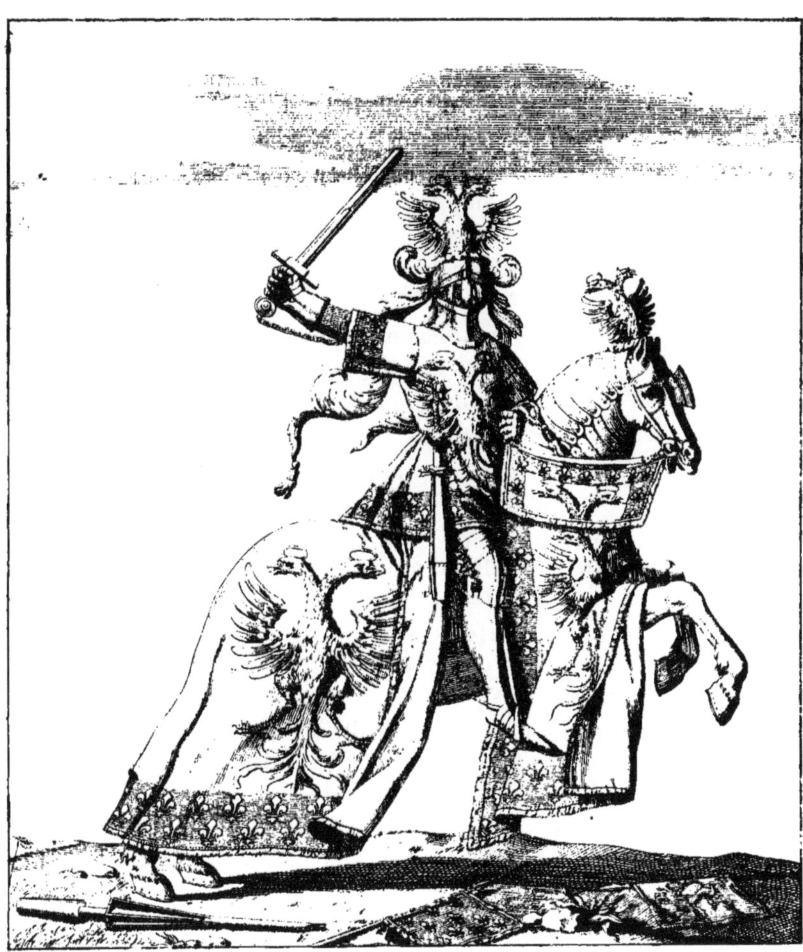

AYMON DE SALVAING SEIGNEVR DE BOISSIEV
Surnommé le Cheuallier hardy 1505

N° 46 du Catalogue.

42. — Perrot, Mr de Fercourt (F. M.), maître des requêtes. In-fol. (325 × 292). Très rare.

43. — Petau (Alexandre), conseiller au Parlement de Paris. In-12.

44. — (Roussin) — Du Pré, réimpression — (Turrel) — Hugon (Ch.) — Anonyme : *de gueules au chevron d'or acc. de 2 étoiles en chef et d'un baril en pointe*. Cinq pièces.

44 *bis*. Reims (Chapitre de), par *Collin*. In-8°.

45. (de Sainte-Marthe), à la devise : *Patriae fœlicia tempora nebunt*, par *Jean Picart*. In-12. Fort rare.

46. — Salvaing de Boissieu (Denis de). In-fol. Rare.

47. — (De Saussay), rare — Anonyme : *d'azur au chevron d'or acc. de 3 étoiles du même, avec lambel d'argent en chef*. Deux pièces in-16.

48. (Scot de Martinville, Mis de la Mésangère), Normandie. In-4°.

49. Tarin (M.). In-8, rare, auquel on a joint un ex-l. in-16 de la même famille avec armoirie diff. Deux pièces.

50. — (Louis Treslon-Cauchon, dit Hesselin, surintendant des plaisirs de Louis XIV). In-8°. Très rare.

51. — (Pierre Vachier, président de la Chambre des Aides de Clermont-Ferrand), par *Lorphelin*. In-8°, réimpression.

52. — Valois (Adr. de), Sgr de la Mare, historiographe du Roi (Louis XIV). In-8° à grandes marges.

53. — (De Ville-Longue, Champagne), restauré — Brodard, par *J. Collin*. Deux pièces.

54. — (De Villeneuve de Vence). Grand in-8° en largeur.

55. — Villers de Rousseville (de), Artois, par *P. Giffart*. Gr. in-8°.

Les armes grattées jadis ont été recouvertes par un autre ex-libris plus petit du même titulaire, les armes écartelées de Renty, de Wignacourt, etc.

56. — Séraucourt (J. Bapt. De y de), archidiacre et chanoine de Reims, attribué à *J. Collin*. In-12.

XVIIIe SIÈCLE

ANONYMES

57. — Anonyme : *coupé d'argent à 5 mouchetures* d'hermine et de sables à 5 besants d'argent ; armes dans un cartouche rocaille entouré d'attributs de médecine. Jolie pièce gr. in-8° signée : *I. Ingram inv. et sculp. Paris 1742*. Epreuve avant la devise. Rare.

58. — Anonymes : *d'hermine au chef d'azur chargé de 3 fleurs de lys d'or au lion de gueules.* — (Communauté des Orfèvres de Paris). Deux pièces in-16.

59. — Anonyme : écartelé, avec sur le tout : *d'or à deux clés de sable en sautoir acc. d'une rose ;* casque, lambrequins et collier de médailles. In-8°.

60. — Anonyme (ex-libris?) : *d'or a une tête à 3 fasces au chef d'azur chargé d'un croissant d'argent*, au bas, 8 vers. In-8, par *Thomassin.*

61. — Anonyme. Intérieur de Bibliothèque, avec armoiries : *au 1 et 4 d'azur au chevron d'or acc. en chef de 2 étoiles d'argent et d'un croissant de même ; au 2 et 3, de gueules à la croix fleurdelysée d'argent*. In-12.

62. — Anonymes. Sept pièces in-16 et in-8, une avec la devise : TEGIT HÆC NECAT ALTERA.

63. — Anonymes : *d'or à l'ancre de sable — d'azur au pin d'or fruité d'argent*, par *Faure* d'après *Bès*. Deux pièces in-12 et in-8°.

64. — Anonymes. Deux pièces in-12, l'une signée. *Pinot filius*.

65. — Anonymes. Deux pièces, l'une avec la devise : *Debita forti*, l'autre signée des initiales : *J. B. P.*

66. — Anonymes. Quatre pièces, l'une signée : *Pantaléon fecit.*

67. — Anonymes. Quatre pièces in-12 dont deux finement gravées, l'une à armoiries accolées.

68. — Anonymes. Cinq pièces in-32 et in-16.

69. — Anonymes. Cinq pièces in-32 et in-16, l'une avec le chiffre : B. P. L.

70. — Anonymes. Cinq pièces in-32 et in-16, deux signées des initiales : *M. D. L.* et *J. L.*

71. — Anonymes. Six pièces in-24 et in-32, l'une avec les lettres : M. B. J. L. M.

72. — Anonymes. Trois pièces in-32 et in-12.

73. — Anonymes. Quatre jolies pièces in-12.

74. — Anonymes. Quatre pièces in-12 et in-16, le nom du titulaire gratté à l'une d'elles.

75. — Anonymes. Deux pièces in-12.

76. — Anonymes : *de gueules au chevron d'or acc. de 3 roses tigées, au chef d'azur chargé de 3 étoiles d'or* (Intérieur de bibliothèque). (La tablette du bas, coupée, a été refaite) — *D'argent au lion armé, au chef d'azur chargé de 3 étoiles d'or*. Deux pièces.

77. — Anonymes. Quatre pièces, une par *P. Campion : d'azur à la face d'or acc. en chef de deux roses d'argent et en pointe d'un oiseau du même.*

78. — (F. Demange) — Anonymes. Quatre pièces.

---

79. — Aubrée — Anonymes à chiffres. Trois pièces in-12.

80. — Barthélemy — Buchez. Deux pièces in-12. Rares.

81. — (Bertin, contrôleur général des Finances). In-12. (Ex-libris?).

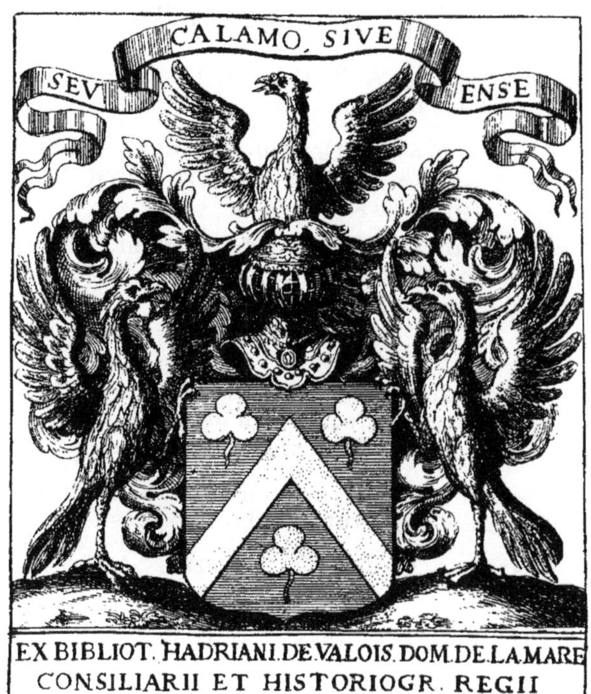

N° 52 du Catalogue.

82. — Boula de Montgodefroy, de Coulombiers, de Mareuil, de Nanteuil et de Paris. Six pièces in-16 et in-12 (une restaurée).

83. — Blé — (Voyer de Paulmy, Mis d'Argenson) — Blanchet (Hector), comm^t du XIXe s. Trois pièces in-16.

84. — (Thomas de Chabannes), par *J. Regnault*. In-4 — (Chabannes de la Palisse), in-18. Deux pièces.

85. — Coppette (L'abbé P. Franç.), docteur en Sorbonne. Deux variantes anonymes, l'une gravée par *C. H. Watelet?*

86. — Coppette (L'Abbé P. Franç.) — La fosse Chatry. Deux pièces.

87. — Delanoue (Jean), arm. accolée — Delacroix (F. A.) — Escuyer (J. J. A), début du XIXe s. Trois pièces.

88. — De Non (Dom. Vivant), amateur, graveur et lithographe, par *lui-même, Venise, 1790*. In-12.

89. — Desmares (Jacq.), jolie pièce, par *C. S. Gaucher*. In-8°.

90. — Deverduc, Conseiller au Parlement, 1740 — (Deverduc, accolé : *d'azur à une épée posée en barre*). Deux pièces in-12. Rares.

91. — Geoffroy (Jean), conseiller du roi, 2 variantes — Geoffroy (Ant. P.). Trois pièces.

92. — Armoiries du Cte Durazzo, Ambassadeur. Grand in-8° à toutes marges.

93. — (De Gesvres?) In-8° — (Grimaldi) In-4°. Deux pièces.

94. — Godefroy, procureur au Parlement — Bunault de Frémont (Rousillon, Champagne, Poitou) — Joveneau de Thun. Trois pièces in-12.

95. — Mailly, Mis de Chateaurenaud (A. M. G. J. F. de), jolie pièce par *Emm. de Ghendt*, d'après *Ch. Eisen*. In-8° à toutes marges.

96. — (De la Barroize), petite pièce ovale avec attributs militaires — (Irland), Poitou — Larcher, 1741 (découpé). Trois pièces in-16 et in-12.

97. — L'Épinay (de), 2 variantes (une restaurée).

98. — La Guillaumye (de) — La Sablonnière (Garnier de), 1768. Deux pièces in-16. Rares.

99. — L'Ange de la Maltière. In-12.

100. — Lathem (Louis van), 3 var., une avec *armoiries*, les deux autres à *emblèmes maçonniques*. Trois pièces collées sur les : *Entretiens aux Champs Elisées entre Charles premier et l'Amiral Bing*.

101. — (La Trémouille, copié sur l'ex-l. de l'abbé de Rothelin) — Laval (Alph. de). Deux pièces.

102. — (Le Gendre, Sgr. de Lormoy), par *P. Giffart*. — (Le Gendre, Mis de St-Aubin-sur-Loire), 2 var. Trois pièces in-12 et in-16.

103. — Lesage-Didier, typogr. — Anonyme au chiffre P. T., par *Le Sueur* — Le Sueur, 2 var. — Le Sage (N. F. B.) — Loubry (J.), typogr. — Le Boyer (J.), typogr. Huit pièces.

104. — Lorme (de), par *E. Stallin*. — Serpilion, armoirie parlante. Deux pièces in-12.

105. — Mille (J. L. J.), 1754, in-8 — Milsand, Dijon (C. Ph.), 2 variantes (XIXe S.). Trois pièces.

106. — Montmorency (Ducs de), 3 variantes (XVIIIe et XIXe S.).

107. — Moreau (J. B.), curieuse pièce in-12 en largeur.

108. — (Moufle de Champigny), avec vue de Château, par *P. F. Tardieu*. In-4°.

109. — Pacot Thierry (P.) — Racine, par *lui-même*, 1773 — Rousseau (de) — Tourdonnet (L. de) ex-l. typogr. Quatre pièces in-12 et in-18.

109 *bis*. — (Pélissier de Feligonde) — (C. M. de Roissy) — (Brochaton) — Anonymes. Cinq pièces.

110. — Saint-Aubin (Ch. Germain de), dessinateur et graveur à l'eau forte. Charmante pièce in-12 gravée par lui-même. Très rare.

111. — (Séguier), par *C. E. Gaucher* et *Branche* — Le Dagre, par *Cl. Roy*, tirage moderne. Trois pièces in-12 et in-16.

112. — Silva, Maître des Requêtes. Deux épreuves, une *avant la lettre*.

113. — Tascher, par *Cl. Roy*, 2 états, avec et sans manteau.

113 *bis*. Thomasseau de Cursay, Anjou, par *P. P. Choffard*. Non signé. In-8°.

114. — Titon d'Orgery (Dan. Aug.), rare — Titon de Villotran. Deux pièces in-16.

115. — Truchet (J.), inscript. au pochoir — Anonyme aux initiales R. D. R, 2 dessins à la plume. Trois pièces.

116. — Hultem (van), par *E. de Ghendt*, avant toutes lettres, toutes marges. In-8°. On y a joint 1 épr. avec la lettre. Deux pièces.

Avocats et Conseillers du Roi

117. Amoudru (Anat.), avocat, gravé par *lui-même* et impr. au verso d'un titre de livre. In-8°. Rare — Labeste (F. V.), ex-l. typogr. Deux pièces.

118. — Tournay (N. L.) — Charlier — Lelong (C. R.), 2 variantes — (Farges de Polisy) — Villecroze (Fr. de), six pièces et 3 ex-l. typogr. Ensemble neuf pièces.

119. Tours (Cl. Ant. de), par *Montagny* — Bousselin (Eustache), contrôleur général du Marc d'or. Deux pièces in-16 et in-12.

EX-LIBRIS DE FEMMES

120. — Bibliothèque de Madame la Dauphine (Marie-Antoinette entourée des Grâces), très jolie pièce dessinée et gravée par Eisen et reliée en tête du livre : *Bibliothèque de Madame la Dauphine. N° 1. Histoire* — Paris, Saillant et Nyon, 1770 — 1 vol. in-12, rel. v.

120 *bis*. — Autre exemplaire, broché.

121. — Marie-Anne, Electrice de Bavière, 2 variantes — Rzewuska (Ctesse Constance). Trois pièces.

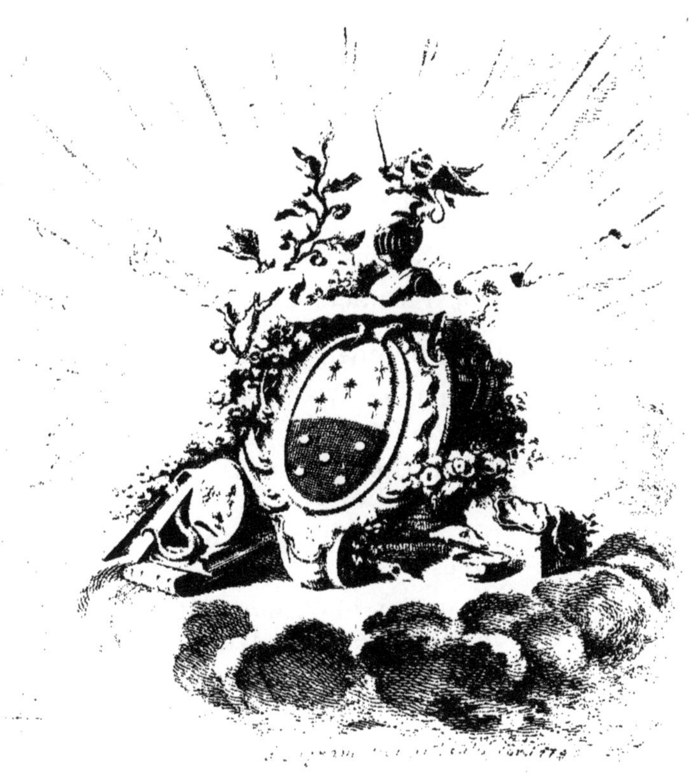

N° 57 du Catalogue.

122. — Marie-Anne, Electrice de Bavière, in-16 — Charlotte d'Angleterre, 1re femme de Léopold Ier. Deux pièces.

122 *bis*. — Anonyme : accolé : 1° *d'azur à une roue d'argent*, 2° *coupé d'argent à l'aigle couronné et de gueules au dextrochère armé d'argent*. In-12.

123. — Alleray (Mme d'), par *Louise Le Daulceur*, d'après *Durand*. In-12.

124. — (Claret de Fleurieu, née d'Arcambal) — Guéménée (Psse de) — (de Fuligny-Damas, Csse de Rochechouart), ovale in-32. Trois pièces.

124 *bis*. — Le Daulceur (Mme), par elle-même. In-12.

125. — (Claret de Fleurieu, née Des Lacs d'Arcambal) — (Mise de Hérissy de Vaussieux, née Bazin de Bezons). Deux pièces in-12.

126. — Dufour de Pihallière (Nic. Gab.) et Marie-Phille de Turin, unis le 18 novembre 1771. In-16, ovale. Jolie pièce. Rare.

127. — Damer (Anna), par *Fr. Legat*, d'après *Agnès Berry*, Londres 1793.

128. — Du Tailly (Mme), parti au 2 de Darlus, par *Louise Le Daulceur*. In-16.

129. — (Du Val) de Bonneval (Mlle), Normandie. In-12, gr. marges.

130. — Choiseul (Mis Gve de Labriffe, Csse de) — De Lamote, douairière, ex-l. typogr. Deux pièces.

131. — Lorchenfeld-Siesbach (Bne de), née de Haslang Arco (Marie-Thérèse, Csse d'). Deux pièces in-12.

132. — (Maison Royale de Saint-Cyr), sur bois — Jonsac (Csse de), née Colbert de Seignelay. Deux pièces.

133. — (de Moreton-Chabrillan) — Achard de Jouman de Légé Bourzac (Htte) — Aligny (St-Germain d') — Anonymes — Lailly (Mme de). — Fontenay (Mise de). Huit pièces.

134. — Roland de Challerange (Mme), Conseillère au Parlement. In-12.

135. — Roland de Challerange (Mme), variante, le nom dans un cartouche, le groupe des génies est différent.

Ecclésiastiques

136. — Morand (S. J.), chanoine de la Ste-Chapelle, typogr. — Brumant (N.), curé de Ste-Croix — (Colbert de Croissy) — Bibl. du Calv. St Germain, typogr. — Anonyme. Cinq pièces.

137. — Bévalet (J. B.), 2 épr., une *enluminée* — *Coll. Reg. Borb. Aqu. P. P. Dnac×nac.* — Anonyme — Ex-l. typogr., 4 p. Ensemble huit-pièces.

140. — Foliot, curé de Vincennes, typogr. — Collège d'Harcourt — La Borde (J. de), curé de St-Séverin — Eglise Ste-Croix, à Paris — Roche (A. H. de) — Vrayet. Six pièces in-12.

141. — Guéret de Louye (L. E.), Eure — Aubry (J. Th.) — Bara (J. H.), typogr. Trois pièces.

142. — Guyot (A. J. de) — Paris (N. Jos. de), Orléans, 1716, par *Vallet* — (Leblanc, évêque d'Avranches). Trois pièces.

143. — Lardet (Mich.), prêtre, original et copie — Aubert (R. P.) — Secousse (F. R.), 2 var. — Epée (C. Mich. de l'), Instituteur des Sourds-Muets, typogr. — Londe (de la) — Ex-dono de Chevalier, Chanoine de la Cong. du Mont Valérien — de Mohr. Onze pièces.

144. — (De Pestel de Thubières de Caylus, évêque d'Auxerre), gr. in-8 en larg. — Anonyme — Séminaire de Chambéry, typogr. — La Tour (de), typogr. etc. Six pièces.

145. — (Société de Saint-Edmond, de Paris), par *R. Strange*, d'après *Ch. Eisen*, 1749. In-12. En marge, ex-dono manuscrit de Phil. Howard de Corby.

146. — Tassy (Henri Félix de), Evêque de Chalon-sur-Saône. In-12 en larg.

On y a joint un exempl. des mêmes armes, figurant sur un titre de livre publié à Lyon en 1685.

Chirurgiens et Médecins

147. — Chirurgiens, 12 pièces typographiques.

148. — Académie des Chirurgiens du Roi, de Paris — Lugol — Flamand — Nolte — Ricquet (P.J.) — Bordeu (Th. de) — Hervillez (F. F. d') — Brongniart (L.) — Audirac, médecin de la Dauphine (1801). Neuf pièces.

149. Le Cat, par *Hérisset*, in-12 en larg. — Schlegel (T. W.), par *C. S.* Deux pièces.

150. — Pajot-Laforêt, 2 pièces avec texte sténographié.

151. — Normandeau (Andr. Alex.), médecin à Avignon. In-4°, bois tiré en sanguine.

152. — Pélissier (de), par *Michel*, 1732. — Anonyme (avec le buste d'Esculape), par *Grunter*. Deux pièces.

153. — Médecins, 11 pièces typographiques.

153 *bis*. — Médecins, 11 pièces typographiques.

Militaires

154. — (d'Albert de Luynes), par *Cl. Roy*, état avec les 18 drapeaux. In-12. Rare.

155. — Luynes (Albert, duc de), in-18 en larg. — Petitti de Roret (J. A.) — Gabalda (XIXe s.) — Anonymes. Cinq pièces.

156. — (Gontal, Forez, écartelé de Chapel, Bourgogne), dessin à la plume par *Chevalier, à Montpellier 1783*. In-4°.

157. — (Lévis Mirepois, duc de Mirepoix, maréchal de France, gouverneur du Languedoc). Ovale in-8.

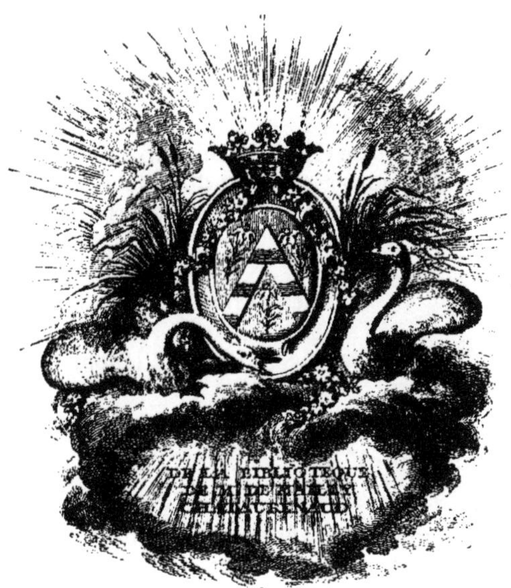

N° 95 du Catalogue.

158. — Montfleury (de) — Tascher (A. F. de) — Tillette de Clermont-Tonnerre — Mathieu Dumas — Tellé — Devanley, composé par *Ed. Detaille* — Le Lièvre de Stanmont, etc. Douze pièces du XIXe siècle.

159. — Melfort (Comte de), aide de camp de Maurice de Saxe, par *Meunier*. In-12, collé dans le *Traité des Légions, par M. le Maréchal de Saxe* (La Haye, 1753).

160. — (Nourisson, Chev. du St-Empire, 1815) — Corps Impérial du Génie, Bibl. de la sous-direction de Wesel, typogr. Deux pièces.

161. — Ranchin de Montaran (J. Fr.), gouverneur de St-Hippolyte, par *L. Crépin*, 1763. In-12.

162. — Régiment du Dauphin, Infanterie, par le *Chevalier de Pujol*. In-8 en larg.

163. — Régiment du Dauphin, Infanterie, 2 variantes, une par le *Chevalier de Pujol*.

164. — Rochemore (J. L. de) — Rebours (Vte de) — Dumans de Chalais, lieutenant des Maréchaux de France — (Guyot de Mascrany), réimpression — Lafuite (F. J.), typogr. — Anonyme. Sept pièces.

Révolution

165. — Château royal de la Bastille (1788). In-12 à gr. marges.

166. — Le même ex-libris, collé sur le Recueil des fortifications, forts et ports de mer de France — Paris, *Le Rouge*, s. d. In-8°, 89 pl.

167. — Boyveau (P.), médecin connu sous le nom de *Laffecteur*, état avec le *bonnet phrygien*. In-12.

168. — (Van Lathem, avec insignes maçonniques) — Pollet (Citoyen) — Labbé (Citoyen) — Anonymes : *d'azur à une Justice assise* — au chiffre *S. B.*, 2 épr., une la couronne de comte recouverte de papier — Capon (Citoyen) — Bargas (Livre d'abonnement du citoyen). Huit pièces.

ALSACE

169. — (Bidé de la Grandville, intendant d'Alsace). In-12. Rare.

170. — Beck (Ignace) — Moreton-Chabrillan (Cte de), par *Traiteur* — Paravicini (de), lieut.-colonel du Régiment de Waldener — Ex-bibliothéca Schoepfliniana. Quatre pièces in-16.

171. — Grauss (J. Ph.) — Louis (Fr. Ph.), chanoine à Haslach. Deux pièces par *R. Brichet*.

172. Jeanjean (Ant.), chanoine de Strasbourg, in-16 — Magon de Terlaye, par *Durig* (le nom du graveur enlevé). Deux pièces.

173. — Mathieu (J. B.), subdélégué à Ste-Menéhould, 3 variantes — Mathieu de Vienne (L.), par *Revellat* (XIXe s.). Quatre pièces.

174. — Saisseval (Mis de), par *Traiteur*, 1772 — Louis (Fr. Ph.), chanoine d'Haslach, par *Brichet*. Deux pièces in-12 et in-16.

175. — Warenghien de Flory (de), par *Danchin*, à Cambray — Magon de Terlaye, par *Durig*. Deux pièces.

Anjou — Maine

176. — Cossé (Chev. de) — (Le Clerc de Juigné, arch. de Paris) — (de Beaumont d'Antichamp), 2 variantes — (Du Bouchet, Mis de Sourches) — (De Constantin de la Lorie) — (Martin). Sept pièces.

Artois — Picardie — Flandre

177. — (Arnaud, abbé de St-Médard, de Soissons), par *J. Gosset* — Brier (Alph. de), par *J. B. C.* (*Carpentier*). Deux pièces in-8°.

178. — (De Brier), par *Brochery* — Brier (Alph. de), par *J. B. C.* (Carpentier). Deux pièces in-8°.

179. — (De Béthune-Saveuse), par *M. Lemaire*, Arras — Plantard de Flibeaucourt, la tablette découpée. Deux pièces.

180. — Carondelet-Noyelles (Baron de), par *de la Rue* : seize quartiers avec les noms de : Du Rasoir, Lannoy, Ailly, Salins, Chassey, etc. In-8. Rare.

181. — (Godefroy ou Le Coustelier du Mesnil) — (de la Froissarderie) — (Arleux) — (de Broussel de la Neuville). Quatre pièces in-16.

182. — Lannoy de Clervaux (Cte) — Lannoy de Merchin (de) — (De Lannoy, XVIIe s. réimpression). Trois pièces.

183. — Nicole, conseiller (tiré en vert) — Warenghien de Flory (de), par *Danchin*, à Cambray — Briois de Sailly (de), par *J. C. D. Merché*. Trois pièces.

184. — Nicole, conseiller (tiré en vert) — Duchambge, baron d'Elbhecq, 1757. Deux pièces.

185. — (Scherer), toutes marges — Du Liège — Poultier — Récollets, de Lille, 2 p. typogr. Cinq pièces.

186. — (de Valbelle de Tourves), in-32 — Bidault, 2 variantes — Hurretz (G.), médecin — (de Luynes) Lequeux — Wolff d'Ergy (de) — (Lallemand de Betz, ovale) — De Dours de Bailleul, en couleurs, au pochoir — Anonyme, par *Noel*. Dix pièces.

187. — Wacquez (B. A. J.), par *Durig*. In-12. Très rare.

188. — Wavrechin (de), par *Danchin* — Phalempin (Abbaye de), par *Vandesipe*, à Douai. Deux pièces.

Auvergne

189. — Chardon (Guil.), prêtre, typogr. orné — D. M. Chardon, manuscrit — La Valette (J. de Cornusson de), abbé de Beaulieu, en Rouergue (écartelé de Murat de l'Estang). Trois pièces.

190. — Durant (le Chev.) 1811 — (De Combes de Marcelles) — Cussac (L. Douchet de). Trois pièces in-16 et in-8.

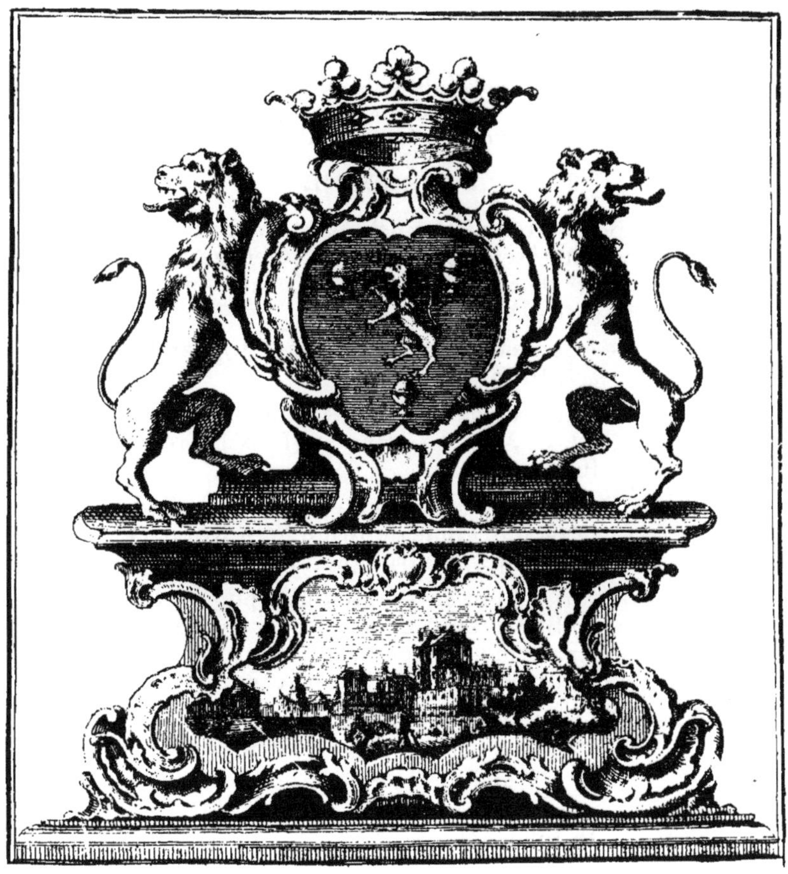

N° 108 du Catalogue.

191. — (Baron de la Broue, Sgr de Vareille et de Sommières), avec attributs militaires — Jumilhac (Cte L. de), calligraphié, XIXe s. Deux pièces.

192. — Rouher (Den. Gilb.), abbé du Chapitre d'Artonne, par *Dapsol*, 1787 — La Valette (J. de), abbé de Beaulieu. Deux pièces, la seconde à gr. marges.

193. — Tournadre (Bernard), avocat au Parlement — Mantaigue (Dom.), avocat au Parlement, signé : *F. D.* Deux pièces in-16 gravées par *F. Delarbre*, à Clermont-Ferrand.

BOURGOGNE

194. — Boucheret (J. Louis), par *Durand* — (Marie-Thérèse de Beauveau) — (Georges de Massol, Mis de Serville), par *P. S.* Trois pièces in-12, rares.

194 *bis*. — Comeau de Satenot (Ant. B.), par *Maurisset*. In-12.

195. — Bouhier de la Davière (L'abbé) — Lonchamp (P. C. M. de) — Hemey (P. N.). Trois pièces in-16.

196. — (Bourré de Courberon) — Cochet de St-Vallier (Melchior), Cte de Brioude — Robin (P. A.), Conseiller, Bourgogne. Trois pièces.

197. — (Fyot) — Fyot de Vaugimois, typogr. — (Durand de St-Eugène), 2 variantes — Juillet (Ant.) — Anonyme — Viennot d'Eglantine, 2 épr., une *coloriée* (XIXe s.). Huit pièces.

198. — (La Poix de Fréminville, trésorier général des Invalides). Jolie pièce. Deux épreuves, une de tirage postérieur.

199. — Vienne de Geraudot (Louis de), par *J. Gosset*. In-fol.

200. — Ycard (Charles), conseiller au Parlement de Dombes. In-12 à toutes marges.

201. — Ex-libris? au pennon de XXXII quartiers : de Lévis, de Clugny, de Beaumont d'Antichamp, de Lezay Marnezia, de Ganay, etc. Sans marge.

BRETAGNE

202. — Hamart de la Chapelle (Ecuyer-Patrice), médecin agréé au Collège des Médecins de Rennes, curieuse pièce par *Grégoire* à Rennes, gr. in-8 — (Botherel de la Bretonnière, début du XIXe) — (Boisgelin, Mis de Cucé). Trois pièces.

203. — Braux, greffier à la Cour d'appel de Rennes, typogr. — Lamotte Vauvert (de) — Binic (H. Marie de), typogr. — Grangier (J. P.), signé *J. G. fecit* — La Tullaye de Varenne — Le Sage (M.), chanoine de St-Brieuc, typogr. Six pièces.

204. — Laussat (de), par *Ollivault*. In-8 à grandes marges. Rare.

205. — Soulastre (H.), de la Congrégation de St-Maur, par *Ollivault*. Rare.

206. — Piolaine (Em.), de la Congrégation de St-Maur, par *Ollivault*.

N.-B. — C'est le cuivre du précédent ex-libris qui a servi pour celui-ci ; le nom seul du titulaire a été changé.

207. — Villers (J. C.), par *Ollivault*. Jolie pièce.

208. — (de Moges-Buron) tirage postérieur.

209. — Société de lecture de la Fosse à Nantes, 1760 — N. C. L. (Nouvelle Chambre de Lecture, à Nantes), par *L. Legrand* — Lamerlière (de), XIXe s. Trois pièces.

Champagne

210. Deu, par *Varin*, 2 états différents, l'un avec le mot : *Remensis* sur la draperie.

211. — Deu, par *Varin*, 2 états différents, l'un avec *merlettes d'argent*, l'autre avec *merlettes de sable*.

212. — Dorigny, Reims — Courtois (Louis). Deux pièces in-16.

213\. Du Val (Val, Jameray), numismate, né à Artonnay (Aube). Curieuse pièce par *Winkler* d'après *Castellez* (marges restaurées).

214\. — Favart (Famille des). Trois pièces in-32 et in-12.

Dauphiné

215\. Amat de Volx (Fr. Aug. d'), attribué à *Michel*. In-12. Très rare.

216\. — (N. de Barral, lieut.-colonel), pièce à attributs militaires. In-12. Rare.

217\. — Bourcet (de), Avocat au Parlement de Grenoble. In-12.

218\. — La Rivière (Cte de), XIXe s. — Faure (Chevalier) — Pusignieu (Boffin de) — Canel (de). Quatre pièces in-12 et in-8°.

219\. — (de Ponnat, président à mortier) — (Laur. Prunier de St-André), Grenoble — Pusignieu. Trois pièces.

220\. — (de Ponnat) — Loras (Louis Cl. Cte de) — Rigod (A. Jul.). Trois pièces.

Franche-Comté

221\. — Bas (J. J. P.) — Laubepin (Mis de) — Borrey (A. E. J. H.), 1711 — Raze (de) — Bonnay (de), par *Chantrel* — Auda de Montolieu — Bibl. Boeniana — (Bourgeois de Boynes). Neuf pièces, dont 3 typogr.

222\. — Bogillot (J. B.) — Humbert (Grég.) — Faure (J. F.), conseiller au Parlement de Besançon, in-8° — Camusat (F. Denis), 1727 — Légier (Jos.). Cinq pièces, les deux premières typogr.

223\. — Boisot (Claude), prieur de Chaux-lez-Clerval, 1749. Deux épreuves, une de tirage postérieur.

224. — Caboud (H. Nic.), conseiller au Parlement de Besançon. Grand in-8°. Rare.

225. — Durand de Gevigné (Cl. Fr.) — Dudressier (C. F.), par *Micaud*. Deux pièces in-12.

226. — (Charles de la Neuville, intendant de Franche-Comté). In-4. Très rare.

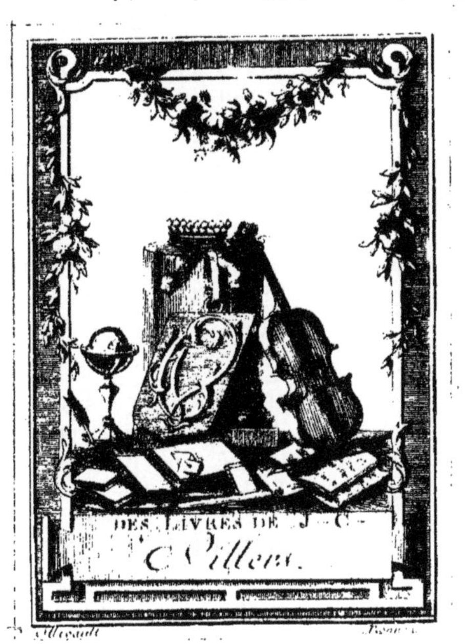

N° 207 du Catalogue.

227. — Michelet (E. Ign. et J. Jacq.), chapelains de St-Pierre de Besançon, par *Bouchy*, 1714. In-12. Très rare.

228. — Chevalier de Poligny, maître aux Comptes — Christin (Benj.), docteur en Sorbonne — Chopard (A. J.) — (Labbey de Billy). Quatre pièces in-12.

229. — Ste James (de), par *Arrivet*. In-16.

230. — Cochin (J. Denis), curé de St-Jacques-du-Haut-Pas à Paris. Deux variantes, une typographique.

231. — Cochin (J. Denis) — Cochin (Aug.), XIXe — Delagrave (restauré). Trois pièces.

232. — Collège d'Harcourt, ex-dono de T. Fortin, représenté agenouillé; au fond, vue du collège. In-8 (XIXe siècle).

233. — Cousin, procureur général des Requêtes de l'Hostel. Deux variantes.

234. — Grimod de la Reynière (A. B. L.). In-12.

On y a joint l'ex-l. typogr. du Sr Hibert, au coin des rues Montmartre et N.-D.-des-Victoires.

235. — Lambert de Cambray. Deux variantes, par *P. Q. Chedel*. Rares.

236. — Langlois de Louvres (A. Tr.), 3 variantes, une par *Villers* — Silvestre de Sacy (A. Isaac), 2 épr. une *av[t] l. l.* — (Pajot acc. de Boistel, tirage moderne). Six pièces.

LANGUEDOC

237. — (de Lomagne-Tarride), commandant du Rég[t] de Médoc — Campmas de St Remy — Bosc (de). Montpellier — Lacoste (Le Ch[r] Fréval de), général du génie — Bole (J. F.), XIXe. Cinq pièces.

238. — (Boudon de St Amand), 2 variantes, une en 3 exempl. tirés en vert, sanguine et noir. Quatre pièces.

239. — (Boudon de St Amand), tiré en sanguine — Joubert (Phil. Laur. de), in-8, rare. Deux pièces.

240. — Brancas (And. Jos. de) — Villemur (de). Deux pièces in-12.

241. — Cambon (Franç. Tristan de), évêque de Mirepois, par *J. Mercadier*. In-fol., à toutes marges.

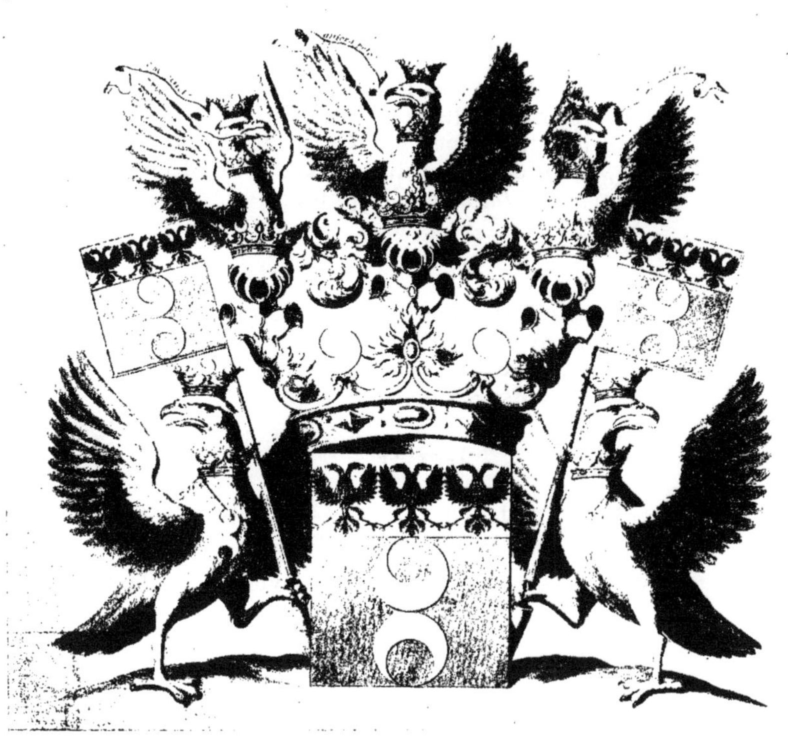

N° 42 du Catalogue.

242. — (Chicoyneau de la Valette), par *Paul Tubert*, 2° tirage — (Académie de Médecine, de Montpellier), par *Jeanjean*. Deux pièces gr. in-8.

243. — (Mgr Double, évêque de Tarbes, 1843) — Le Goux de la Berchère (C.) — Mocquet (A. B.), abbé de Doue — Aigrefeuille (Ch. d'), Montpellier, typogr. — Martin de la Bastide (J. B.) — Sconin de St Maximin (L. A.), chanoine d'Alais — (De Boccaud, Chr de Malte, Montpellier). Sept pièces.

244. — La Luzerne (de), 2 variantes — Postic, par *Baumès*, rare. Trois pièces.

245. — (H. de Jullien de Péqueirolles, président à mortier à Toulouse) — Begault (Gilles), chanoine de Nîmes — Caze de Bove (de), 2 variantes — (Soulier de Choisy), Montpellier, par *Stagnon*. Cinq pièces.

Limousin

246. — Nadaud (Mart.), manuscrit — Palmarès du Collège royal de Brives, 1788 — Brienne (de Loménie de), 2 variantes — St Chamans (de), 2 variantes. Six pièces.

Lorraine

247. — Anthoine (J.), par *Colin*, d'après de *Sénement* (Intérieur de bibliothèque). In-8°.

248. — Blouet de Camilly (Franç.), évêque de Toul. Deux variantes in-12 et in-8°.

249. — Bourgeois (J. Jos.), av. au Parlement — Thouvenin, avocat ès Parlement de Nancy et de Metz. Deux pièces par *Collin*, in-12 et in-16.

250. — Clermont-Tonnerre (J. L. Ainard de) par *Durand* — (Hugo de Spitzenberge-Wurtenberg) — Veimerange (Palteau de), Intendant des Postes. Trois pièces.

251. — (De Mahuet) — Villiez, par *lui-même*, 1770. Deux pièces.

252. — (Président de Marcol) — (Marcol), par *Nicole* — (Marcol, avec mître et crosse), par *T. J. van Merlen* — Chevallié (Arm.), rogné. Cinq pièces in-12 et in-8.

253. — (Maujan de Labry) — Bibl. publ. fondée par le Roi de Pologne, duc de Lorraine, 1750. Deux pièces.

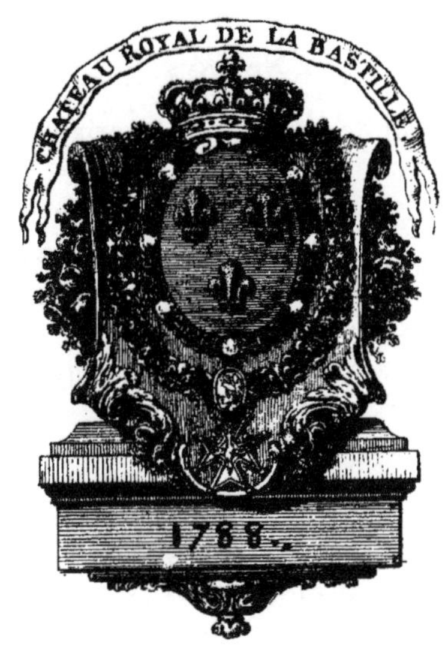

N° 165 du Catalogue.

254. — Serainchamp (Chev. de) — Ex. bibl. Costeana. par *Houat*. Deux pièces.

255. — Tocquot, conventionnel de la Meuse — Fischer, par *Dunker* — (Massu de Fleury, abbé de Belchamp), par *A. Houat l'aîné*. 3 pièces.

LYONNAIS

256. — (De Cortois), par *Michon*. In-12.

257. — Chol de Clercy (Fr.) — Du Guet — Dugad (L. Cl.), curé, Lyon — (Trollier de Messimieux) — Deschamps (Fr.), 1747. Cinq pièces.

258. — (Dufaur-Vercours) — Séminaire de St-Charles, Lyon — Bibliothèque des Comtes de Lyon. Trois pièces.

259. — Raphaelis (J. F.), chirurgien — Renaud (F. J.), prédicateur — Grands Carmélites de Lyon, 1769 — Dondain (J. Hugues). Quatre pièces in-8°.

Nivernais

260. Andrault de Langeron, 4 variantes.

Normandie

261. — Djeres (P. C. J.), Conseiller au Parlement, 1752 — Chanoines réguliers de Caen, par *Colot*. Deux pièces.

262. — Gosselin d'Anizy — Gosselin (Joseph), par *lui-même*, 1770, 2 variantes — Houllier, 2 var. typogr. Cinq pièces.

263. (Grégoire de Rumare) — Langlois — Anonyme : *d'azur à un chevron acc. en chef de 2 molettes et en pointe d'une rose tigée, le tout d'argent.* In-4. Trois pièces par *Grouël*.

264. — Le Cornier de Cideville (P. R.), 1768, par *Bacheley* — Limoges (le Chev. de St-Just de), lieut. des maréchaux de France, par *Jacques* (non signé). Deux pièces.

265. — (Lemoine, baron de Longueil), par *Décaché*. In-8.

266. — Variante du même ex-libris, sans lettre, ni signature.

267. — (Midy) — Midy de la Grainerais (A. L. E.), par *Dthe Jacques* — Le Couteulx (A. L.). Trois pièces in-12 et in-16.

268. — (Robert de St Victor) — Fourcy (B. H. de), abbé de St Wandrille, 2 états. Trois pièces.

269. — (Bibliothèque du Parlement de Rouen), curieuse pièce impr. sur un fer à dorer. In-8. Toutes marges.

Orléanais

270. — (Abadindi), par *Sergent*, 1769. In-32. Rare.

271. — Buchelay (de), in-12 — (Saulot de Bospin, accolé de Savalette de Buchelay), in-16. Deux pièces.

272. — Buchelay (de), in-18. Deux épreuves avec le nom orthographié différemment.

273. — (Deschamps, chanoine d'Orléans), par *Montulay l'aîné*. In-12.

274. — Horeau, d'une famille chartraine, par *A. F. Sergent*. In-16. Très rare. (Le nom dans le cartouche a été gratté).

275. — Proust de Chambourg (Aymon). In-12. Cet ex-libris était relié avec l'*Arrest... qui nomme le Sieur Proust de Chambourg Docteur... en l'Université d'Orléans... du 18 Juillet 1722*, lequel est joint ici.

276. — Le Brun (Alex.), d'Inteville, abbé. — Pellieux (J. N.), chirurgien, typogr. — Sausin (de), typogr. — *Biblioth. S. Launomari Blesensis*. Quatre pièces.

Provence et Comtat Venaisin

277. — Anonyme : *d'azur au chevron d'or acc. de 2 étoiles d'argent en chef et d'un mont de 3 coupeaux du même*. In-8 sur bois, par *Chenet*, Avignon.

278. — (Bonet d'Oléon) — (Bourdeau de Castera) — Anonyme. Trois pièces in-32.

279. — (Mis de Cambis, XIXe s.) — (Suarez d'Aulan), accolé (De l'espine du Puy) XIXe s., 2 épr. une avant la lettre. Cambis d'Orsan, par *J. Michel*, tirage moderne.

280. — Grosson (J. B. B.), par *Clément* — (De Castellan, abbé) (Baroncelli). Trois pièces.

280 *bis*. Raussin (J.-L.-L.), avocat—Raussin (L. Jérôme), médecin, à Reims. Trois pièces.

280 *ter*. — (Bordes) — (Des Eglises) — Anonymes. Quatre pièces.

281. — Fortia Montréal. In-12.

282. — (Philip, avocat à Aix), coupé au bas — Coriolis (de), XIXe s. — Gallifet (Vte de) — Fortia (Mis de), par *Maurisset*, 2 états — Fortia (Cte de) — Lejourdan, par *G. D. T.*, 2 états de Belzunce, typogr. Neuf pièces.

282 *bis*. — (De Villeneuve) par *D. V.*, 2 états, l'un *avant* la banderolle — Villeneuve (de) Bargement, XIXe s. Trois pièces.

XIXe SIÈCLE

283. — Mgr le Duc d'Orléans (Louis-Philippe Ier), sous le nom de : *M. Félix de Violaine*.

Provient d'un plan de bois sis à Dourdan. On y a joint l'étiquette de Simier qui avait entoilé ce plan.

284. — Brière - Loiseau, à Alençon, gravé sur bois (Ier Empire). In-16.

285. — Brion — Alberny (J. P.) — Dominicaines de Chalon-sur-Saône — Société polysophique. Quatre pièces.

286. — Champfleury (ex-l. avec portrait), par *Jules Adeline*. In-4 en largeur.

287. — Henriot, 2 var., une par *Grévin* — Société polysophique — (Marie de Choiseul-Gouffier) — Givelet, de Reims, par *A. Bellevoye* — Remy (C.), par *Barbat*, à Chalons. 6 pièces.

288. — Rozière (Ernest de), collectionneur d'ex-libris Trois variantes, une par *Prévost fils*.

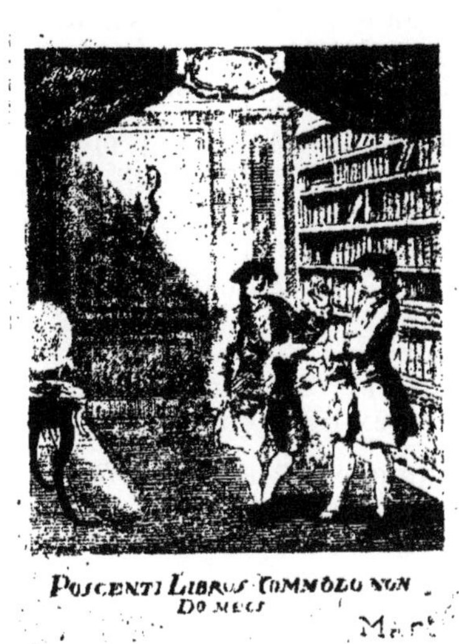

N° 274 du Catalogue.

289. — Taya (Bon du) — Holleville — Fourès (Raoul), le nom gratté et retranscrit. — Holmès. — P. Martinet. Six pièces.

290. — Tourneux (Maurice), par *F. Courboin*, avec *remarque*, sur japon.

291. — Trouessard — Jones (Michael) — (Stéphane Mallarmé), composé par *Edouard Manet* — Kesler (Mlle Vict.), Reims. Quatre pièces.

PALMARÈS

292. Collège des Loges, St-Germain-en-Laye — Écoles élémentaires d'enseignement mutuel, Paris, école de la Rue du Pont-de-Lodi, 1826, — Lycée de Gand, 1810 — Collège de Besançon, 1792. Cinq pièces, deux ornées.

293. Livre donné par Mgr P. J. C. de Rochechouart, 1747 — Collège de Thouars, 1816 — École de Vaizy. Quatre pièces.

294. — Palmarès. Quarante-cinq pièces des XVIIIe et XIXe siècles, typographiées, gravées ou manuscrites. *Ce n° sera divisé.*

ALLEMAGNE

295. — (Brandeburg-Hildebrandt), de Biberach. Vers 1480, gravé sur bois et enluminé. Le plus ancien ex-libris connu (Warnecke, n° 245).

295 *bis*. — Anonyme à la devise : *Reple tuorum* ex-l. ou vignette religieuse ? — Orth, par *J. M. Eben*, d'après *B. P. Orth*. Deux pièces.

296. — Bibliothèque du château d'Anhalt — Rundall (John), par *Lake* (anglais). Deux pièces.

297. — Bavière (Ducs de), 1766. In-fol.

298. — Bavière (Ducs de), variante petit in-fol.

299. — Bavière (Ducs de), variante in-4°, 1618.

300. — Bavière (Ducs de), variante in-8°, 1746.

301. — Bibliothèque municipale de Winterthur, par *R. Schellenberg*. In-12.

302. — Chodowiecki (Daniel), dessinateur et graveur, par *lui-même*.

303. — Robert, abbé, 1746 — Denichi (Seb.). *Episcopi Almirensis*, 1672. Deux pièces.

304. — Maison du Clergé de St-Laurent, à Nuremberg, avec le portrait de J. Wennitzer, par *G. D. Heumann*. In-4. Rare.

304 *bis*. — Riedlin (Erhard), par *J. A. Friedrich*, Augsbourg — Wegierski (Cap. de Wegry). Deux pièces.

305. — Gerning (J. Ch.), par *A. R. Wicker*, 1779 — Herttenstein (L. B. von), par *J. And. Fridrich* — *Ex-libr. Cored : Neob. A° 1732*. Trois pièces.

306. — Kress von Kressenstein (J. G.), par Hans Troschel, 1619. In-8°.

307. — (Oelhafen von Schöllenbach), par *H. Ulrich*, 1610 — (Comte L. Khevenhuller), 1750. Deux pièces in-8°.

308. — Schwarz (Christ. Gottl.) — Jenner (J.-A), par *Marquard Wocher*. Deux pièces in-12 et in-8°.

309. — Trew (Christ. Jacq.), médecin et botaniste. In-fol.

310. — Trew (Christ. Jacq.), in-4° — Behr (J. Leonard von), in-12. Deux pièces.

311. — Trew (Christ. Jacq.), 3 variantes.

312. — Wagenseil (J. Christ) — Schmid (C. Fried.) — Heister (Laur.) — Bayer (J. J.), médecin. Quatre pièces.

313. — Wertherm (J. F. von), 2 variantes, une par *Wicker* — Wilder (Georg Christoph), 2 variantes par *lui-même*. Quatre pièces.

PAYS-BAS

314. — (Eynattent?), par *R. Collin*, à Bruxelles, 1680. Petit in-fol. gr. marges.

315. — (Kerchove d'Exaesde) — Anonyme. In-8. Deux pièces.

316. — Gosselin (L.), par *D. Wallaert* — Vierlinck (J. B.), pasteur de Moorscele, par *P. J. J. Tiberghien.* Deux pièces.

317. — Nélis (Corn. Franç. de). Evêque d'Anvers, par *P. F. Tardieu*, d'apr. *J. B. Piauger* (rogné).

318. — (Vilain XIII), trois variantes, une par *F. Heylbrouck.* Trois pièces.

SUISSE

319. — Aples (François d'), composition pastorale. Ovale in-12.

320. — Saussagne — Anonyme (le nom du titulaire enlevé). Deux pièces.

321. — (Daller), 2 variantes tirées en sanguine.

322. — (Leutreum d'Ertinge., Chev. de Malte), 2 variantes in-12 et in-24.

323. — St-Victor (Robert de) — Thellusson (Isaac), gravé sur bois — Labat. Trois pièces.

ITALIE

324. — (Gozzadini), évêque, in-8. Camaïeu de trois planches.

325. — (Zerecote). In-4. Rare.

326. — (Zerecote). In-8. — Anonyme. In-12. Deux pièces.

ESPAGNE

327. — (J. L. Cervera). In-12.

328. Albe, Mis de Villafranca (Duc d'), par *Ant. Salv. Carmona*, d'après *Carnizero* — Berwick et d'Albe (Duc de), typogr. Deux pièces.

329. — Alvarez (Ant.), de Abreu, par *Paul Minguet.* In-16.

330. — Anonyme, par *De la Cruz* — Clemente (J.), évêque — Silva Pessanha (José da). Trois pièces.

331. — Académie d'artillerie de Barcelone, par *Valls Sculp. Barcin.* In-8 en largeur.

332. — Belamazan de Corugna (Mis de), par *Hip. Ricarte* — Gonzalez Salmon (Manuel), ministre de Ferdinand VII — Anonyme au chiffre E. J. H. C. L. D. A. G. M. P. Y. Trois pièces.

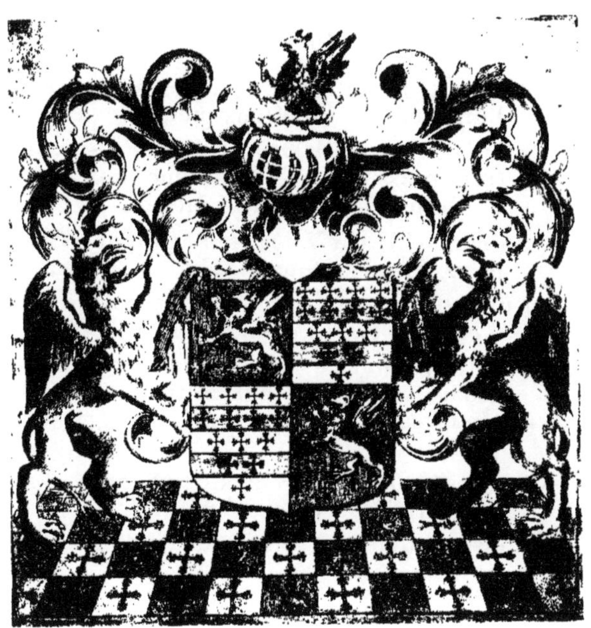

N° 50 du Catalogue.

333. — *Biblioteca del Rey N. Senor* (Ferdinand VII) — D. S. F. (Duque de San Fernando). Deux pièces.

334. — Bourbon (L. A. J. de), Infant d'Espagne, par *M. S. Carmona*, d'après *Maella*. In-16.

335. — Mansilla (Comte de), ex-l. avec trophées. In-12.

336. — Lamas et Sotomayor (Joachim à), par *Jacob de la Piedra*, 1747. Curieuse pièce in-8°. Rare.

337. — Revillagigedo écartelé de Guemies, Padilla, Hozcasitas et Aguayo. In-12.

338. — Castelvi y Monsori (Enrique), par *Vinc. Galceran*, d'après *Joaquin Vidal*. In-12 en larg.

339. — Anonyme, par *Jacobo de la Piedra*, 1768. In-12.

Divers

340. — Burton (J.), par *J. Pine*, d'après *Gravelot* — Lombachi (F. L.). Deux pièces.

341. — Anonyme aux initiales J. H. F. V. F. — Schreber (réimpression) — Anonyme aux initiales L. G., par *Muller*. Trois pièces.

342. — Rundall (J.), par *Lake* — Pertingue (Cte de), par *I. Tinney*. Deux pièces.

343. — Rundall (J.), par *Lake* — Anonyme à la devise : *Nobilitat virtus sola...* Deux pièces.

344. — Spreti (Jérôme) — Anonyme, par *G. Petrini*, 1808 — Anonyme aux initiales G. M. F. — Madocsanyi de Horocz, typogr. Quatre pièces.

345. — Spreti (Jérôme) — Winckler (Tobias) — Cleating (I.). Trois pièces.

346. — Sous ce numéro il sera vendu quelques ex-libris non catalogués.

SUPPLÉMENT

347. — Bizemont-Prunelé (Cte A. G. Parfait), par *C. E. Gaucher*, *1781*. Rare.

348. — (And. de Salis) — De Laus de Boissy — Harlé (P. L. A.), par *Guillaume* — Caumartin, 2 var. Cinq pièces.

349. — (F. L. Duhé) — de Pontevès Gien — (Leroux d'Esneval) — Robillard (J. L.), par *C. G. Geissler*. Quatre pièces.

350. — Paris (N. J. de) — Matz (Barth.) — Anonymes. Cinq pièces.

www.ingramcontent.com/pod-product-compliance
Ingram Content Group UK Ltd.
Pitfield, Milton Keynes, MK11 3LW, UK
UKHW022148170726
13837UKWH00004B/1865